# L'intelligence de l'Univers

# L'intelligence de l'Univers

**Deuxième édition**

Jacques Girardot

*© 2016 Jacques Girardot*

*Edition : BoD - Books on Demand*
*12/14 rond-point des Champs Elysées*
*75008 Paris*
*Imprimé par BoD – Books on Demand,*
*Norderstedt*
*ISBN : 978-2-3220-9548-3*
*Dépôt légal : 07/2016*

*« Il semble que les premiers mots des Métamorphoses d'Ovide, In nova fert animus, soient la devise du genre humain. Personne n'est touché de l'admirable spectacle du soleil, qui se lève ou plutôt semble se lever tous les jours ; tout le monde court au moindre petit météore qui paraît un moment dans cet amas de vapeurs qui entourent la terre, et que l'on appelle le ciel. »*

*Voltaire*

# SOMMAIRE

INTRODUCTION ........................................................... 7

A LA RECHERCHE DU FONCTIONNEMENT DE L'UNIVERS ................................................................ 11

OBJECTION ................................................................ 23

CONSÉQUENCES ...................................................... 27

NOTRE CONSCIENCE ............................................. 47

LES LOIS DE L'UNIVERS ....................................... 53

L'INTÉRÊT POUR LE POUVOIR ......................... 71

LA NATURE ............................................................... 77

LES RELIGIONS ....................................................... 87

NOTRE ECONOMIE MONDIALE ........................ 95

CONCLUSION .......................................................... 99

ANNEXE .................................................................. 101

## INTRODUCTION

En cette période tumultueuse où tout semble aller très vite, où la misère s'installe inexorablement dans nos sociétés modernes, où notre Terre semble se détruire progressivement, où religion rime maintenant avec terrorisme, beaucoup d'entre nous se posent des questions sur notre Univers : L'Homme peut-il faire n'importe quoi ? Une poignée d'individus peut-elle exploiter l'ensemble de la planète et décider quel peuple doit vivre et quel autre doit mourir ? N'y a-t-il pas de limite ? L'humanité peut-elle s'autodétruire ? La nature peut-elle détruire l'Homme, comme le prétendent certains ? Y a-t-il une justice dans l'Univers ? Comment devons-nous nous comporter ?

A ces questions fondamentales, la science ne nous apporte pas de réponse satisfaisante. Elle nous dit qu'il y a eu un Big Bang, que l'Homme est né d'une cellule qui se serait constituée dans les océans et qui aurait évolué pour devenir ce que nous sommes. Mais cela ne nous avance pas beaucoup.

Les religions ont également leurs réponses, mais il est difficile de les croire car elles prétendent toutes détenir la vérité, tout en défendant chacune des thèses différentes. Par ailleurs, toutes les religions nous demandent de les croire aveuglément par la foi et elles ne nous apportent aucune preuve de ce qu'elles nous avancent. Ainsi, il est plus que probable qu'aucune d'entre elles ne dit la vérité.

Il faut donc reprendre tout à zéro et raisonner uniquement sur ce que nous voyons et connaissons, sans le moindre préjugé afin d'essayer de comprendre comment fonctionne notre Univers, car cette question est la clé de tout. Sa réponse permettra de comprendre les principes de la vie et de l'intelligence humaine, le rôle de la nature et enfin de connaître nos limites.

Beaucoup de philosophes et de scientifiques se sont lancés dans ce projet, mais pas toujours de façon très objective. En effet, l'idée pour certains était plus de démontrer qu'il n'existait pas de dieu pour contredire les religions, ou de montrer que l'Homme était maître de son destin et qu'il pouvait ainsi tout se permettre.

Cependant, certains philosophes comme Voltaire nous ont apporté des réponses tout à fait rationnelles sur les principes de l'Univers. Mais celles-ci dérangeaient les scientifiques qui ne voulaient pas entendre parler de l'existence probable d'une intelligence supérieure à l'Homme et également ceux qui recherchaient le pouvoir, pour la même raison. Ainsi, ces idées ont été rapidement discréditées en les montrant comme des hypothèses parmi tant d'autres, aussi incertaines les unes que les autres, sur l'existence de Dieu. Noyées dans la masse, ces réflexions ne pouvaient être entendues, ni susciter la curiosité de ceux qui auraient pu constater qu'elles n'étaient pas dénuées de vérité. Faire des amalgames pour discréditer des réflexions gênantes, est une pratique couramment utilisée, notamment en politique.

Aujourd'hui, les avancées de la science et des technologies ont élargi le domaine du possible. Ainsi, ce qui pouvait nous paraître inconcevable autrefois, ne l'est plus. Par exemple, celui qui aurait prétendu, il y a deux siècles, qu'il était possible de créer des univers virtuels dans lesquels les hommes, malgré la distance qui les sépare, pourraient se rencontrer, dialoguer et faire des choses ensemble, serait passé pour un fou. Or, aujourd'hui, cela est devenu une réalité. L'avancée des technologies a donc ouvert nos esprits et nous avons aujourd'hui suffisamment de connaissances pour bien comprendre le fonctionnement de notre Univers.

Il nous faudra cependant mettre de côté nos préjugés et notre amour propre, car comme nous allons le découvrir, l'Homme est très loin d'être ce qu'il prétend être.

## A LA RECHERCHE DU FONCTIONNEMENT DE L'UNIVERS

Quand nous observons le monde qui nous entoure, nous constatons qu'un certain nombre d'événements sont prévisibles et que d'autres ne le sont pas. Par exemple, il est possible de prévoir précisément l'heure d'arrivée d'un train tout en connaissant sa vitesse et la distance qui lui reste à parcourir. Mais, il nous est bien impossible de prévoir exactement le nombre de personnes qui emprunteront le métro à une heure déterminée, ou la visite à l'improviste d'un ami.

Des imprévus compromettent très souvent ce qui était prévu. Par exemple, les trains sont régulièrement en retard suite à des pannes, des mouvements de grève, des accidents, ou autres incidents. Ainsi, ce qui était attendu devient incertain voire compromis. La loi de Murphy, très souvent vérifiée en gestion de projet, illustre parfaitement ce phénomène. Elle stipule que tout ce qui est susceptible de mal tourner, tournera nécessairement mal.

En fait, nous n'avons qu'une vision à très court terme sur les événements futurs nous concernant et celle-ci est de surcroît, incertaine. Si en nous levant le matin, nous planifions notre journée, nous faisons alors le soir, presque systématiquement le même constat que rien ne s'est déroulé comme prévu.

Les scientifiques affirment cependant que tout peut être prévu avec certitude dans l'Univers car, selon eux, celui-ci est animé par un ensemble de lois mathématiques universelles et immuables. Ainsi, en connaissant ces lois, il serait possible de déterminer avec précision l'avenir et le passé de tout l'univers. C'est d'ailleurs sur ce principe que les astrophysiciens ont imaginé le Big Bang en s'appuyant sur la théorie de la relativité générale d'Einstein. Cependant, personne n'était là pour vérifier si ce que décrivent les physiciens s'est réellement produit.

Par ailleurs, les mesures récentes de l'expansion de l'Univers et de la taille de certaines galaxies, viennent contredire la théorie de la relativité générale, car les valeurs observées ne sont absolument pas conformes à ce que prévoyaient les calculs. Cependant, pour ne pas remettre en cause la théorie d'Einstein, les physiciens ont prétendu que l'Univers serait composé de plus de 90 % d'énergie et de matière noire. Avec cette hypothèse, les calculs tombent juste. Or, ces composants mystérieux n'ont jamais été observés par l'Homme et ce, malgré des investissements très importants déployés à cet effet durant des années.

Le caractère universel de la théorie de la relativité générale, pourtant incontesté par la communauté scientifique, ne repose donc aujourd'hui que sur des suppositions quelque peu hasardeuses. En effet, comment imaginer que 90 % de la matière qui nous entoure, nous échappe ? Une telle hypothèse semble totalement extravagante. Demain, il est probable que les scientifiques inventeront encore un autre type de matière tout aussi invisible pour expliquer une nouvelle mesure qui viendra contredire encore une fois leurs prévisions. Jamais les scientifiques n'ont utilisé une telle méthode remettant autant en cause le système étudié sans aucune preuve, pour maintenir coûte que coûte une théorie. Lorsque des écarts importants sont constatés entre les valeurs mesurées et la théorie, cette dernière est alors généralement remise en cause. C'est ce qui s'est produit notamment lors des essais des premiers avions supersoniques. Les lois d'écoulement des fluides connues à l'époque ne prévoyaient pas les phénomènes vibratoires observés par les pilotes d'essais. Ainsi, de nouvelles recherches ont été lancées, et la théorie fut revue pour prendre en compte la compression de l'air qui était jusque-là, négligée dans les formules. Depuis, pour les vitesses inférieures à 0,3 Mach, les anciennes lois sont toujours appliquées par les aérodynamiciens et, au-dessus, ce sont les nouvelles qui priment.

La théorie de la relativité avait déjà été bouleversée avec l'apparition de la physique quantique. En effet, en étudiant les particules élémentaires comme les électrons, les photons, etc. , les physiciens ont découvert que celles-ci évoluaient de façon aléatoire et pouvaient être, curieusement, à plusieurs endroits à la fois. Cependant, dès qu'elles étaient observées individuellement, les particules se mettaient à suivre les lois de la relativité. Un tel phénomène n'a jamais pu être expliqué par la théorie d'Einstein. Ainsi, comme pour les écoulements supersoniques évoqués précédemment, des lois spécifiques au comportement des particules furent établies, et une limite fut calculée par Plank pour déterminer dans quel cas elles devaient être appliquées.

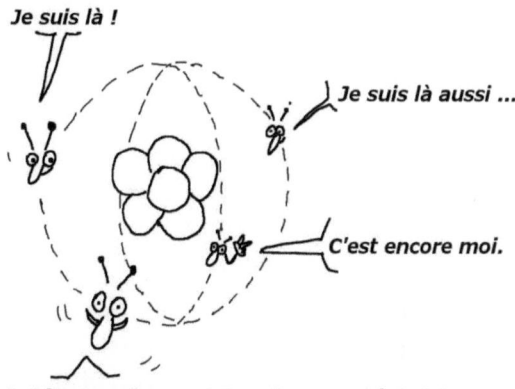

Je suis l'électron farceur ! Je suis partout à la fois ... sauf quand on me regarde.

Par ailleurs, la mécanique quantique a mis également en évidence que la matière pouvait avoir un comportement aléatoire, c'est-à-dire qu'aucune loi ne pouvait prédire la position exacte d'une particule et encore moins où elle était avant, et où elle sera après. Ce constat, à lui seul, remet en cause le principe de déterminisme de l'Univers des scientifiques évoqué ci-dessus, bien qu'une frontière a été mise en évidence entre le monde quantique et celui des objets qui nous entourent, laissant l'aléatoire uniquement aux particules.

Il existe donc bien des lois mathématiques

qui permettent dans certains cas bien identifiés de déterminer des événements futurs ou passés. Mais il existe également des domaines où les lois ne permettent pas de prévoir quoi que ce soit avec précision. C'est le cas pour les particules quantiques, mais également pour les êtres vivants. Il est impossible de prédire avec exactitude comment des cellules vont se reproduire ou se déplacer dans leur milieu, quelle sera la forme exacte d'une fourmilière, quelle réaction va avoir telle ou telle personne par rapport à un événement, combien de personnes vont emprunter le métro à une heure déterminée, etc. Le monde du vivant ne peut être modélisé qu'à l'aide de probabilités, tout comme le monde des particules quantiques.

Ainsi, rien ne peut être prévu avec exactitude dans l'Univers, quoi que disent les scientifiques. Les phénomènes aléatoires occupent une place très importante dans le monde du vivant, de l'infiniment petit et peut être même dans celui de l'infiniment grand, car rien ne prouve aujourd'hui que l'expansion de l'Univers, ou celle des galaxies, suive des lois déterministes comme celle de la relativité générale comme nous l'avons vu.

Cependant, l'aléatoire est totalement

contradictoire avec l'ordre et la cohérence que nous pouvons observer autour de nous. Pour nous en convaincre, imaginons l'expérience qui consisterait à tirer aléatoirement des lettres d'un bac et à poser celles-ci les unes à la suite des autres. Jamais nous n'obtiendrons une phrase complète en pratiquant ainsi et le texte qui se formera sera très vite incompréhensible. Or, si nous rapprochons cette expérience de ce qui se produit en permanence dans l'Univers, ce serait au contraire des bibliothèques entières comportant des milliers d'ouvrages qui s'écriraient naturellement, sans la moindre erreur et ce, indéfiniment.

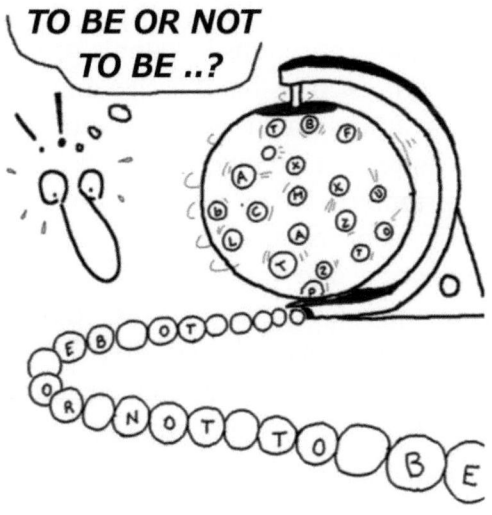

En effet, l'ordre est partout dans l'Univers. Il est présent dans toutes les molécules d'ADN, dans tous les écosystèmes, dans chaque fleur, etc. Pourtant, il est produit par des phénomènes majoritairement aléatoires. L'exemple le plus simple pour l'illustrer, est celui de la ruche. Les déplacements et les actions de chaque abeille sont totalement imprévisibles. Cependant, ensemble ils forment progressivement un édifice parfaitement ordonné. Nous pourrions également prendre l'exemple des fourmis ou même celui de l'Homme.

La seule solution pour qu'un tel ordre puisse apparaître dans ces conditions, est que ce qui nous semble aléatoire, ne l'est pas en réalité. Si nous reprenons l'exemple précédent des lettres, il est possible d'écrire une infinité de livres uniquement si les lettres sont rangées de telle sorte qu'en prenant à chaque fois la première lettre qui se présente, les livres s'écrivent les uns après les autres. Cela implique donc que tous les livres aient été écrits au préalable. Cependant, pour une personne qui ne saurait pas lire, les lettres sembleraient être tirées de façon aléatoire.

Ainsi, il n'y a, de toute évidence, pas de hasard dans l'Univers. Son évolution dépend d'événements prévisibles et imprévisibles pour l'Homme, mais cependant choisis pour obtenir un résultat ordonné et déterminé.

Cela revient à dire que toutes les configurations de l'Univers à chaque instant, ont été définies bien avant qu'elles se produisent. Celles-ci nous apparaissent les unes après des autres dans l'ordre chronologique, comme les images d'un film au cinéma.

En d'autres termes, en permanence, l'Univers disparaît pour se reformer instantanément dans la configuration prévue à l'instant suivant. L'Univers fonctionne ainsi comme un film 3D. Chaque image de la pellicule est une représentation figée de l'Univers, constituée de matières inertes et immobiles. Toutes les images ont été déterminées à l'avance, comme celles d'un film avant sa projection.

Le mouvement est donc, comme au cinéma, une illusion. En réalité, la matière est immobile. Son déplacement est simulé par le changement de position d'un même objet entre deux images successives de l'Univers.

Cependant, comme un acteur, ou plutôt son image, ne pourra jamais sortir de l'écran pour observer le fonctionnement du projecteur de la salle de cinéma, nous ne pourrons jamais observer le mécanisme de l'Univers. La matière nous paraîtra toujours permanente et mobile, quoi que nous fassions.

Tout cela implique bien évidemment l'existence d'une intelligence supérieure qui a écrit le scénario du film et qui l'a réalisé. Il ne peut en être autrement. Nous la nommerons le « Scénariste ».

Ainsi, le fonctionnement de l'Univers que nous venons d'établir, permet de produire absolument tout ce que nous pouvons observer autour de nous : la vie, les lois de comportement de la matière constatées par les scientifiques, les phénomènes quantiques évoqués précédemment et également les phénomènes que nous qualifions de surnaturels car nous ne pouvons les comprendre. Le Scénariste dispose d'une liberté absolue tout comme le réalisateur d'un film en images de synthèse. Celui-ci peut reproduire aujourd'hui absolument tous les effets spéciaux, même les plus spectaculaires.

Il est cependant déconcertant voire frustrant, de savoir qu'absolument tout dans l'Univers a été déterminé dans les moindres détails par une intelligence supérieure, y compris nos vies. Où est donc notre liberté dans un tel système ? Nous aborderons ce point dans les chapitres suivants.

Il n'y a également rien de magique ni de compliqué dans ce mécanisme et cela est un peu décevant. Mais, pourquoi l'Univers serait-il compliqué ?

## OBJECTION

La démonstration précédente pourrait cependant être critiquée par ceux qui refusent d'admettre qu'il existe une intelligence supérieure dans l'Univers. Ces détracteurs partent du principe que l'ordre dans l'Univers est uniquement le résultat des lois de la nature. Mais, comme aucune loi connue à ce jour ne permet de produire un tel ordre, les défenseurs de cette thèse prétendent qu'il existerait, malgré tout, certaines lois qui, dans des conditions très particulières, engendreraient l'ordre et même la vie. La sonde Rosetta et son acolyte Philae ont eu d'ailleurs pour mission de rechercher sur la comète 67P Churyumov-Gerasimenko, des éléments organiques qui permettraient de confirmer cette théorie.

Cependant, se pose la question de l'origine des lois de la nature évoquées par les scientifiques. Si ces derniers ne les ont pas toutes découvertes, nous connaissons cependant précisément leur résultat. Celui-ci est non seulement ordonné, mais également extrêmement complexe et ingénieux. C'est en l'observant et en exploitant que l'Homme a pu, par exemple, construire des avions, se chauffer, se soigner, fabriquer des ordinateurs, etc. En fait, tout ce que produit l'Homme est issu du résultat des lois de la nature. Il est lui-même un de ces résultats.

Ainsi, les lois de la nature ne peuvent avoir été créées sans intelligence, car elles la produisent. Elles ne peuvent également pas avoir été créées sans finalité. En effet, le résultat obtenu ne peut pas être le fruit du hasard. Car, comme nous l'avons vu précédemment avec l'exemple des lettres tirées du bac, le hasard ne peut rien générer d'ordonné et de cohérent. Les lois ont donc été construites afin de produire un résultat déterminé. Ainsi, affirmer que les lois de la nature ont construit l'Univers tel que nous le connaissons, revient à admettre également non seulement l'existence d'une intelligence supérieure, mais également l'existence d'une finalité.

Compte tenu du principe de cause à effet présent dans l'Univers, si cette finalité a été établie, cela implique alors que ses causes ont également été définies. Les causes de ses causes ont dû l'être aussi, puis les causes des causes des causes, ainsi de suite jusqu'à la première cause qui a déclenché le tout. Donc, pour que la finalité puisse se produire, il est nécessaire que toutes les configurations intermédiaires de l'Univers aient été déterminées au préalable.

Ainsi, nous retombons exactement sur le même constat qu'au chapitre précédent et nous avons vu que celui-ci débouchait forcément sur le fonctionnement de l'Univers que nous avons établi.

Conclusion, les scientifiques n'ont pas tort de dire que l'Univers est régi par des lois. Mais ils se trompent en prétendant qu'il n'existe pas d'intelligence supérieure qui Le contrôle à tout moment. Celle-ci a établi les lois de la nature et elle les utilise pour animer la matière.

---

Nous venons de voir deux argumentations partant d'hypothèses différentes et aboutissant cependant au même résultat. Une troisième vous sera présentée dans un chapitre suivant et une quatrième figure en annexe. Voltaire, bien que n'ayant pas connaissance des technologies modernes et de l'avancée actuelle de la science, était également parvenu, par encore d'autres raisonnements, à une conception de l'Univers tout à fait similaire. Voici sa conclusion :

« Il résulte, ce me semble, de toutes ces idées, qu'il y a un Etre suprême, éternel, intelligent, d'où découle en tout temps tous les êtres, et toutes les manières d'être dans l'étendue. »

La vérité est unique quels que soient les chemins empruntés pour la rechercher.

# CONSÉQUENCES

Nous allons maintenant analyser en détail les conséquences du principe de fonctionnement de l'Univers que nous avons établi. Notre étude portera sur les quatre domaines essentiels qui constituent notre Univers :

- Le monde matériel
- L'être humain
- Le monde animal
- Le monde végétal

## LE MONDE MATÉRIEL

Comme nous l'avons vu précédemment, l'Univers fonctionne exactement comme un film en 3D. Chaque image est constituée d'un ensemble d'objets figés formés de matière inerte. Ces images défilent à une vitesse infinie pour nous donner l'illusion de mouvement. Une intelligence supérieure, le Scénariste, a décidé et réalisé le scénario de l'Univers. Nous vivons dans la projection de ce film. Ainsi :

⇨ La matière qui nous entoure est donc totalement inerte. Elle apparaît et disparaît en permanence pour produire l'illusion de mouvement. Elle n'a donc aucune autonomie en soi. Cette découverte ne date pas d'aujourd'hui, car les bouddhistes l'avait déjà formulée il y a plus de deux mille ans en établissant les notions d'impermanence et de vacuité sur lesquelles s'appuie leur philosophie.

⇨ L'Univers se crée en permanence. Il n'a pas été créé comme nous l'imaginions.

⇨ L'histoire de l'Univers a été écrite à l'envers, c'est-à-dire en partant de la fin. En effet, compte tenu du principe de cause à effet, pour qu'un événement se produise, il doit être dans un premier temps défini et ensuite, les causes qui le déclencheront devront être déterminées. Donc, si le Scénariste souhaite maitriser tous les événements qui se produisent dans l'Univers, alors il doit déterminer en premier le dernier événement, puis définir ses causes, puis les causes de ses causes et ainsi de suite en remontant jusqu'au début. Donc, l'histoire de l'Univers a forcément été écrite à l'envers et il n'est plus possible de la modifier.

⇨ Réciproquement, chaque événement qui se produit dans l'Univers a une finalité déjà déterminée dont nous n'avons pas toujours connaissance, mais qui se produira quoiqu'il arrive.

⇨ Comme nous l'avons vu, le Scénariste simule tous les mouvements de la matière. Pour cela, il applique des lois qu'il a lui même établies. Cependant, il peut les changer à tout moment, soit localement, soit pour l'ensemble de l'Univers.

Dans le premier cas, des phénomènes surnaturels peuvent se produire, comme des objets qui se déplacent d'eux mêmes, des disparitions inexpliquées, l'apparition d'OVNI, la baguette du sourcier qui plonge au voisinage d'une source souterraine, etc.

Dans le deuxième cas, l'Univers doit se reformer instantanément pour être conforme aux nouvelles lois. Ainsi, la théorie du Big Bang est celle que le Scénariste a voulu que nous découvrions. Pour cela, il a mis en place des lois adaptées. Demain, ces lois pourraient très bien changer et les physiciens découvriraient alors que l'Univers s'est créé d'une toute autre façon, ou qu'il a toujours existé. Il est donc impossible pour l'Homme de déterminer le passé lointain de l'Univers.

⇨ Il en est de même en ce qui concerne l'Histoire de l'humanité. En effet, nous avons vu que les objets se forment en permanence avec l'apparence que leur donne le Scénariste au moment où nous les regardons. Ils n'ont donc aucun passé. Ainsi, tous les vestiges qui nous renseignent aujourd'hui sur notre histoire et celle de notre planète, n'ont en réalité, aucune préexistence. Ils ont été créés uniquement dans le but de nous faire croire que l'Homme est le résultat d'une évolution naturelle qui a commencé il y a quatre milliards d'années par l'apparition d'une vie primitive sur Terre. Le Scénariste aurait pu tout aussi bien nous faire croire que nos origines étaient extraterrestres.

⇨ La science n'est donc pas en mesure de déterminer le passé lointain de l'Homme, ni celui de l'Univers. Tout ce qu'elle trouvera sur ces sujets, n'est que le fruit de l'imagination du Scénariste. Cependant, les théories des scientifiques fonctionnent parfaitement quand elles sont employées à améliorer notre quotidien. Mais œuvrer pour l'humanité n'est-il pas le but que devrait se donner la science ? Voltaire disait également au sujet de l'Histoire

: « Inspirez surtout aux jeunes gens plus le goût de l'Histoire des temps récents, qui est pour nous de nécessité, que pour l'ancienne, qui n'est que de curiosité. »

⇨ Le temps, tel que nous le percevons, appartient uniquement à la projection du film de l'Univers dans laquelle nous nous trouvons. Il n'existe pas pour le Scénariste ; comme le temps qui s'écoule dans un film n'a aucun rapport avec celui que perçoit son réalisateur ou les spectateurs.

⇨ Le Scénariste étant intemporel, l'Univers l'est également. Ce dernier n'a donc ni début ni fin.

**L'ÊTRE HUMAIN**

Nous venons de voir les principales conséquences du principe de fonctionnement de l'Univers sur le monde matériel. Continuons maintenant notre réflexion en nous penchant sur l'être humain.

*Le corps humain*

⇨ Le corps humain n'échappe pas aux principes concernant la matière évoquée ci-dessus. Il est donc constitué, comme tout objet, de matière inerte. Il ne dispose d'aucune intelligence et ses mouvements sont ceux que lui donne le Scénariste. Il est en quelque sorte notre avatar dans le monde matériel.

## *La conscience*

⇨ Nos pensées, et tout ce que nous ressentons, ne proviennent pas de notre corps. Toutes ces informations nous sont transmises par le Scénariste de façon parfaitement synchronisée, avec la situation que nous vivons. En d'autres termes, notre conscience, tout ce que nous ressentons, voyons ou exprimons, constitue pour ainsi dire, la bande son qui nous est destinée du film dont nous sommes les acteurs.

⇨ Nous avons le sentiment d'exister et d'être libres de nos choix, car nos pensées ont été écrites en conséquence. Il nous est ainsi impossible de nous rendre compte que notre liberté de penser n'est, en réalité, qu'une illusion.

La méditation nous permet de comprendre en partie ce phénomène. En effet, en observant nos pensées en état de concentration, nous pouvons voir qu'elles nous viennent de nulle part et que nous n'avons aucune emprise sur elles. C'est le seul moment où il nous est possible de nous en apercevoir. Lorsque nous redevenons actifs, cette réalité nous échappe et nous sommes à nouveau persuadés que nous sommes les auteurs de nos pensées et de nos actes.

⇨ Notre corps est animé par le Scénariste en fonction de nos pensées ou indépendamment de celles-ci. C'est le cas notamment lors de certaines maladies nerveuses, de réflexes, du sommeil ou encore avant que notre conscience n'apparaisse avec l'acquisition du langage.

⇨ Notre conscience étant indépendante de notre corps, nous n'avons, en théorie, pas besoin de celui-ci pour exister. Ainsi, lorsque nous sommes évanouis, dans le coma, en train de dormir, ou même morts, notre conscience continue d'exister. Le rêve est un exemple qui illustre ce phénomène. Quand nous rêvons, notre conscience évolue dans un univers totalement déconnecté de notre corps. Ceux qui ont vécu une expérience de mort imminente témoignent tous également que la conscience perdure après la mort clinique.

⇨ La conscience peut cependant momentanément cesser d'être alimentée par le Scénariste. C'est le cas du sommeil profond par exemple, ou d'un évanouissement.

⇨ Comme nous l'avons démontré précédemment, le temps est uniquement une dimension de l'espace matériel. Ainsi, quand la conscience est déconnectée du corps, elle n'est plus soumise au temps. Cela explique pourquoi il nous est bien impossible de dire combien de temps nous avons dormi, ou combien de temps nous sommes restés évanouis.

⇨ Nous avons vu que la conscience perdurait après la mort, car beaucoup de témoignages concordants l'affirmaient et que cela ne posait aucun problème pour l'Univers. Il est donc parfaitement possible qu'un dialogue puisse être organisé par le Scénariste entre un vivant et un défunt. La médiumnité est bien une réalité, beaucoup pourront en témoigner. Cependant, la société matérialiste dans laquelle nous sommes, rejette ce phénomène qui fait, par ailleurs, peur à grand nombre d'entre nous. Il y a aussi des escrocs qui pour gagner de l'argent, prétendent dialoguer avec les morts, jetant ainsi le discrédit sur cette discipline. Mais beaucoup d'anciennes civilisations interrogeaient régulièrement les défunts afin d'obtenir des informations sur l'avenir, ou bien des conseils.

## *La maladie*

⇨ La maladie ne peut pas être due au corps, car celui-ci n'est que de la matière inerte et éphémère. Elle est, en réalité, totalement contrôlée par le Scénariste. Tout le monde tombe un jour malade, nous verrons plus loin pourquoi.

⇨ Les effets des médicaments sont donc également simulés par le Scénariste. Suivant les personnes, le traitement sera plus ou moins efficace. Il pourra également ne pas être supporté par le malade. Tout dépend du destin de chacun.

L'effet placebo illustre parfaitement ce phénomène. En effet, celui-ci nous montre qu'un comprimé sans aucun principe actif a le même effet sur l'organisme que le vrai comprimé, dans plus de 20 % des cas en moyenne et cela, quel que soit le médicament testé. Il suffit que le faux comprimé soit présenté au patient comme étant un vrai. La guérison n'est donc pas seulement due au principe actif du médicament.

⇨ Celle-ci peut être également obtenue par d'autres moyens que ceux utilisés par la médecine moderne. L'acupuncture, le magnétisme, sont des exemples de médecines qui fonctionnent parfaitement pour certaines personnes ainsi que pour certaines maladies. Il y a aussi les miracles, comme à Lourdes par exemple. Tous ces phénomènes sont possibles, si le Scénariste les a prévus dans les destins, les desseins des personnes concernées.

## *L'anatomie humaine*

⇨ Le corps humain est très complexe, comme tout ce qui existe dans la nature. Il est comme cela : pour que nous puissions tomber malade, nous soigner, nous nourrir, nous entretenir, séduire, faire des enfants, etc. Notre corps occupe une très grande partie de notre vie. Il se doit donc d'être à la hauteur.

⇨ Notre cerveau, comme tout le reste de notre corps, n'est en réalité que de la matière inerte. Il nous permet cependant de localiser notre intelligence et donc, de nous sentir indépendants. Avant la médecine moderne, c'était le cœur qui avait cette fonction. Aujourd'hui, certains chercheurs ont découvert que le système digestif déterminait également les émotions. L'Homme ne trouvera jamais l'organe de son intelligence car simplement, il n'en a pas. Sa conscience réside ailleurs.

### *L'apparence physique*

⇨ Le physique d'un individu n'est pas forcément en rapport avec ce qu'il mange, ou bien son activité physique. Pour la même quantité absorbée, certaines personnes resteront maigres sans faire de sport, tandis que d'autres seront corpulentes même en faisant de l'exercice. Cela dépend uniquement du destin de chacun. Il faut savoir l'accepter.

### *Le vieillissement*

⇨ Le vieillissement est une loi établie par le Scénariste. Si nous vivons aujourd'hui plus longtemps que nos parents, ce n'est pas grâce à la médecine ni aux conditions de vie, mais uniquement parce que le Scénariste en a décidé ainsi. Nous verrons plus loin que vivre plus vieux n'est pas forcément un cadeau pour tout le monde.

### *L'intelligence humaine*

⇨ Notre intelligence est totalement déterminée par le Scénariste. Elle est fonction de notre destin. Par exemple, une personne destinée à faire de la recherche aura un fort QI.

⇨ Nos réussites dépendent d'une somme de circonstances que le Scénariste aura lui-même organisées. Nous ne sommes donc en rien responsables de nos succès. Nous les devons uniquement à celui qui a déterminé notre destin. Il n'est d'ailleurs pas rare d'être surpris par des coïncidences heureuses et très improbables, sans lesquelles nous n'aurions jamais pu réaliser nos projets.

## *Les prédictions*

⇨ Certaines personnes peuvent être informées sur leur futur, si cela est nécessaire pour l'accomplissement de leur destin. Le Scénariste leur fera alors rencontrer un voyant, ou il leur transmettra des pensées qui leur donneront la certitude de leur destinée. Il n'est pas rare d'entendre des chefs d'Etat dire : « j'ai toujours su que je deviendrai président de la République ». De Gaulle, Mitterrand, Sarkozy, Hollande, avaient tous cette certitude, et cela leur a permis de supporter les efforts nécessaires pour y parvenir.

⇨ Le Scénariste peut également se servir de la nature pour nous transmettre des signes, nous prévenant d'un événement. Par exemple, le paysan regardera le ciel pour déterminer la date de ses récoltes, le marin lui, regardera les oiseaux pour savoir s'il peut prendre la mer.

⇨ Enfin, le Scénariste pourra transmettre aux

hommes des prophéties, par un moyen ou par un autre. Celles-ci annonceront la venue d'événements majeurs concernant l'humanité. Parmi les prophéties les plus connues aujourd'hui, figurent celles de Nostradamus : la prophétie des Papes, ou encore la prophétie de Jean de Jérusalem. Elles ne sont cependant pas toujours faciles à déchiffrer, mais elles sont suffisantes pour informer l'humanité qu'il se passera prochainement quelque chose d'important.

⇨ Cependant, nos pensées sur l'avenir ne se réalisent pas toujours. En effet, nos vies sont remplies d'imprévus et la plupart du temps, les choses ne se réalisent pas du tout comme nous l'avions imaginé. Cela est un moyen pour le Scénariste de rendre nos vies intéressantes. Si tout ce que nous prévoyons se réalisait, notre existence perdrait alors beaucoup de son charme.

⇨ Le Scénariste est donc le plus grand menteur de l'Univers. Il nous fait espérer en permanence, tout en sachant pertinemment que les choses se passeront autrement. Il nous ment également, comme nous l'avons vu précédemment, sur les origines de la vie sur Terre, sur notre Histoire et celle de l'Univers. Ce qui lui importe, ce sont nos destins. Pour cela, il a inventé une infinité d'histoires et créé un monde d'illusions. Mentir est donc sa principale occupation, comme un magicien ment à son public.

---

Nous venons de voir l'essentiel au sujet de l'Homme et nous pouvons constater que nous avons obtenu des réponses rationnelles sur des sujets qui restaient jusqu'alors mystérieux.

Cependant, une fois encore, ce constat est très décevant. En effet, il n'est pas très agréable d'apprendre que nous sommes dirigés dans nos moindres pensées et gestes, que nos destins ont été parfaitement définis bien avant notre naissance, et que nous ne sommes finalement que les instruments de l'Univers. Mais nous pouvons constater cependant que la machine est parfaite. Car même en sachant tout cela, nous avons toujours le sentiment de pouvoir maîtriser notre avenir et d'être libres.

L'Homme est fait pour se laisser berner par l'illusion, même quand il sait parfaitement que ce qu'il voit en est une. Quand nous allons au cinéma, par exemple, nous savons qu'il s'agit simplement d'images qui défilent les unes après les autres. Cependant, nous l'oublions et réagissons comme si les scènes projetées devant nous étaient bien réelles. Lorsque nous jouons à un jeu vidéo, nous entrons dans le scénario du jeu et nous nous identifions à notre personnage. Nous oublions complètement que les images qui se forment sur l'écran ne sont, en réalité, que des petits points lumineux commandés par un programme exécuté par un ordinateur.

Ainsi, même si l'Homme comprend le principe de fonctionnement de l'Univers, il ne pourra cependant jamais échapper à l'illusion. Contrairement au cinéma, où une fois le film terminé nous réalisons que celui-ci n'était qu'une fiction. Sur Terre, nous sommes en permanence plongés dans l'illusion de l'Univers. Cette dernière est notre quotidien, et nous ne pouvons en sortir.

Cependant, savoir cela nous permet de prendre plus de hauteur par rapport aux événements, de mieux les comprendre, et de nous libérer également de nos préjugés.

**LE MONDE ANIMAL**

⇨ Les animaux sont totalement animés par le Scénariste, tout comme nous. Cependant, ils n'ont pas de conscience. Un animal n'a donc aucune notion du temps et peut rester des jours sans activité, contrairement à l'Homme.

⇨ Le comportement des animaux domestiques dépend des personnes qu'ils côtoient. Un animal pourra par exemple, sentir les mauvaises intentions d'une personne et réagir en conséquence ; il pourra être obéissant et affectueux pour faire plaisir à son maître. Il pourra également le réconforter, trouver du gibier, de la drogue, suivre une piste, sauver une personne, prévenir d'un danger imminent, etc. Les activités destinées aux animaux domestiques sont très nombreuses. C'est le Scénariste qui les met en scène, en fonction des destins de leur propriétaire.

⇨ Bien que les animaux domestiques n'aient pas de conscience, ils ont un comportement qui ressemble à celui qu'ils auraient eu s'ils en avaient une. Ainsi, ils donnent l'impression d'être heureux ou tristes, de se souvenir d'une personne, de jouer. Ils savent également parfaitement communiquer avec l'Homme.

⇨ Cependant, ce n'est pas parce que les animaux sont dénués de conscience que l'on peut les considérer comme de simples objets. Au contraire, ils sont animés par la même intelligence que celle qui nous anime, et ils agissent souvent de façon plus "humaine" que nous. Avoir une conscience n'est pas une qualité, mais juste une caractéristique.

⇨ Les animaux d'élevage sont destinés à nourrir l'Homme et à embellir les paysages de nos campagnes. Ils contribuent également aux destins des éleveurs.

⇨ Les animaux sauvages sont également là pour l'Homme. Ils constituent la partie animée du décor qui nous entoure. Ils sont utilisés par l'Univers pour nous enseigner certaines choses, nous prévenir de dangers imminents, nous guider, nous nourrir, nous montrer comment nous soigner... Mais ils sont là également pour nous imposer des limites.

⇨ Tous les animaux sont animés par le Scénariste. Ainsi, certains peuvent nous sembler avoir des facultés surprenantes, comme les oiseaux migrateurs ou les baleines, qui parcourent de très longues distances sans se perdre. Ou encore les abeilles, qui réussissent à construire des nids complexes sans aucun plan. Les exemples étonnants ne manquent pas dans la nature. Si l'Homme cherche une explication rationnelle à ces phénomènes, alors il la trouvera peut être si l'Univers lui donne la solution. Il pourra alors l'exploiter pour ses propres besoins. L'avion est né de l'étude du vol des oiseaux, certaines combinaisons de natation s'inspirent de la peau des requins, le comportement des fourmis a permis de développer des algorithmes puissants permettant de calculer des trajectoires de sondes spatiales, la structure des nids d'abeilles nous a permis de réaliser des pièces extrêmement résistantes et très légères, etc. Les exemples ne manquent pas.

⇨ L'Univers crée et fait disparaître des espèces animales en permanence. Cela peut d'ailleurs être une façon pour lui de nous transmettre certains messages comme celui de respecter d'avantage la nature.

## LE MONDE VÉGÉTAL

Le monde végétal est tout à fait similaire au monde animal. Il est simplement limité dans ses déplacements. Comme pour les animaux, il y a des plantes domestiques, de cultures et sauvages. Elles ont les mêmes missions que leurs homologues du monde animal.

La floraison simultanée des cerisiers au printemps montre parfaitement que les plantes sont animées par une intelligence partagée. Le fait que tous ces arbres tombent en fleurs en même temps et durant seulement quelques jours, est très improbable. En effet, la floraison est un processus complexe dépendant de multiples conditions qui ne peuvent être réunies simultanément sur de grands espaces. Or, tous les cerisiers tombent en fleurs en même temps sur des régions entières. Le Scénariste a voulu sans doute nous émerveiller juste un instant, et c'est plutôt bien réussi !

## NOTRE CONSCIENCE

Nous avons vu précédemment que nous n'avions aucune influence sur notre conscience et que toutes nos pensées nous étaient imposées. Il est difficile d'admettre cela, mais nous allons voir ici à travers d'exemples concrets que c'est pourtant bien la réalité.

Imaginons une jeune femme, Julie, en train de regarder par la fenêtre de son appartement les passants dans la rue. Soudain, une femme apparaît avec une très jolie robe. Julie se dit qu'elle porterait bien une telle robe. Elle va donc imaginer comment elle pourrait la reproduire. Cela va lui faire penser que sa machine à coudre est en panne et qu'il faut qu'elle l'amène chez le réparateur. Cependant, elle se souvient que celui-ci a fermé il y a deux semaines, tout comme le boulanger en bas de chez elle. Cela lui rappelle alors qu'elle n'a pas de pain pour la réception qu'elle organise ce soir. Mais il est trop tard pour en acheter, car ses invités arrivent dans une demie heure et en plus, elle n'est pas prête. Elle court donc dans sa chambre se préparer et se souvient soudain, en voyant la photo de son ami sur la table de chevet, que celui-ci lui avait dit qu'il achèterait le pain en rentrant du travail...

Des pensées imbriquées de ce genre, nous en avons chaque jour et nous n'en sommes absolument pas maîtres. Nous les subissons et cependant, elles nous font agir pour avancer, comme dans l'exemple précédent. Si la femme à la belle robe n'était pas passée dans la rue, Julie serait-elle alors sortie de ses pensées pour se préparer ?

Par moment, nous recherchons une solution à un problème. Lorsque que celle-ci nous apparaît, nous pensons qu'elle vient de nous. Mais en réalité, elle est le plus souvent apparue par un enchaînement de pensées déclenchées par des événements extérieurs dont nous n'avons pas eu le contrôle. Il n'est d'ailleurs pas rare de trouver la solution à notre problème alors que nous ne nous y attendions le moins. Par exemple, en discutant avec un ami, celui-ci va sans le vouloir, nous dire quelque chose qui nous mettra sur la piste, et la solution nous apparaîtra alors que nous étions en pause à la machine à café et que nous discutions de nos dernières vacances. Sans cet échange, nous serions peut-être encore en train de chercher notre solution.

Tout est en réalité imbriqué et nous parvenons à nos objectifs par une suite d'événements extérieurs incontrôlables et de pensées, qui le sont tout autant. C'est comme s'il existait une force invisible qui nous guidait. Celle-ci nous donne les solutions à nos problèmes, nous rappelle ce que nous avons à faire en utilisant parfois des chemins très détournés partant d'événements de notre quotidien dont nous n'avons absolument pas la maîtrise.

Cette force invisible qui dispose de notre conscience, doit pour nous diriger vers nos objectifs, avoir le contrôle de tout. Elle détermine donc les événements et les enchaînements de pensées qui vont avec. Nous retombons donc avec ce raisonnement, sur le même constat qui nous a permis d'établir le principe de l'Univers évoqué aux chapitres précédents.

En quoi est-ce gênant que nous ne soyons pas maître de notre conscience ?

Nous croyons que nos pensées viennent de notre esprit ou de notre cerveau. Or, nous ne maîtrisons ni l'un ni l'autre. En effet, si nous le pouvions, nous pourrions alors augmenter notre QI à volonté, décider de nos sentiments ou de nos émotions. Mais, rien de cela n'est possible et nous devons faire avec ce que la nature nous a donné.

Ainsi, dans tous les cas, nos pensées proviennent de quelque chose que nous ne maîtrisons pas. La seule différence à nos yeux est que, dans un cas, nous pensons que cette chose nous appartient alors que, dans l'autre, nous la considérons extérieure. Cependant, l'intelligence de l'Univers fait partie de chacun d'entre nous car nous appartenons à l'Univers. En réalité, comme les bouddhistes et les hindouistes l'avaient énoncé il y a longtemps, notre esprit et l'Univers ne font qu'un.

Il n'y a donc pas lieu de s'en faire si ce n'est pas notre esprit ou notre cerveau qui nous dirige, mais l'intelligence de l'Univers. Cela ne change absolument rien.

## LES LOIS DE L'UNIVERS

L'Univers impose ses lois à la matière, au monde animal mais aussi à l'Homme. Nous pouvons en identifier trois types :

1. Les lois de comportement.

2. Les lois destinées à protéger l'individu contre lui-même.

3. la loi destinée à préserver l'humanité des agissements de l'Homme.

Nous allons étudier en détail ses trois types de loi et vous constaterez qu'il n'y en a pas d'autres.

## LES LOIS DE COMPORTEMENT

L'Univers applique sur l'Homme une multitude de lois de comportement. Celles-ci sont propres à chaque individu, chaque communauté ou à chaque peuple. Ce sont elles qui forment notre personnalité, celles des communautés et des peuples. Il serait impossible de toutes les déterminer car elles sont très nombreuses.

Cependant, les psychologues ont réussi à en identifier certaines qui sont aujourd'hui exploitées par la médecine, la publicité, la vente, le management, les sectes, les religions, les partis politiques, certains Etats, ou même par des mouvements terroristes.

L'utilisation de ses lois peut être extrêmement dangereuse car en les connaissant, il devient possible de manipuler des individus ou tout une population. C'est en utilisant ces techniques que les terroristes recrutent et transforment des personnes sans histoire en assassins sanguinaires, ou que des Etats mal intentionnés cherchent à soumettre leur population.

Voici quelques exemples concrets de lois qui entrent dans cette catégorie :

⇨ Lorsque l'on nous flatte nous devenons plus facile à convaincre. La plupart des vendeurs utilisent cette loi pour nous faire acheter leurs produits. Le slogan « Vous le valez bien » de L'Oréal, illustre parfaitement cette technique.

⇨ Nous faisons confiance à ceux qui nous sont présentés comme des experts reconnus et nous les croyons aveuglément. C'est pour cela qu'il y a de plus en plus de soi-disant experts en tous genres sur les plateaux de nos journaux télévisés ou émissions politiques, et de plus en plus d'acteurs en blouse blanche dans les publicités.

⇨ Beaucoup d'entre nous croient en l'existence d'un dieu qui serait juste et tout puissant. Cet idéal est inscrit dans leur conscience et il est exploité par les religions et les sectes.

⇨ Quand l'homme a peur, il obéit plus facilement. La peur ou la terreur ont été très largement utilisées par les Etats totalitaires comme instrument pour soumettre leur population ou mobiliser celle-ci contre l'ennemi.

⇨ L'émotion prend toujours le dessus sur la raison. En la sollicitant, l'Homme est alors plus facile à tromper. Beaucoup de responsables politiques ont parfaitement compris cette loi universelle et l'exploite largement.

⇨ L'homme est prêt à faire n'importe quoi du moment où il est persuadé que sa cause est juste. Ainsi, en combinant cette loi avec les précédentes, il est possible de former des terroristes, par exemple.

Cette liste est loin d'être exhaustive, mais elle permet de bien comprendre ce que sont ces lois. Il est évident que l'on ne peut pas former un terroriste ou soumettre un peuple avec uniquement quatre ou cinq lois. Il faudrait en exploiter beaucoup d'autres pour parvenir à casser correctement les personnalités et obtenir ainsi le résultat souhaité.

La connaissance dans ce domaine représente donc un potentiel énorme non seulement politique, mais également économique. En effet, en exploitant le comportement humain de façon optimale, il est possible d'accroître considérablement la consommation des ménages ou de faire admettre aux gens de travailler plus pour un salaire moindre. Ainsi, celui qui maîtrise ces lois peut potentiellement devenir le maître du monde, sans être suspecté de mauvaises intentions. Quoi de mieux pour ceux qui ont une âme de dictateur ?..

Les recherches dans ce domaine sont donc aujourd'hui aussi stratégiques que l'étaient celles sur la bombe atomique dans les années 1940. Des dictatures modernes fonctionnent déjà sur ces principes. Celles-ci ont gardé l'apparence de la démocratie dont elles ont pris le contrôle. Leurs dirigeants prônent la tolérance et la générosité pour ne pas être suspectés, et sollicitent également la sensibilité et l'émotion des citoyens pour mieux les tromper. Avec l'assistance des médias, ils imposent au peuple un traitement psychologique très bien étudié qui l'asservi sans qu'il s'en aperçoive.

La science progresse et les dictatures se perfectionnent également. Nous sommes passés aujourd'hui à l'ère du totalitarisme 2.0. Plus efficace, plus stable, plus discret, et beaucoup plus propre, car il travaille uniquement sur la psyché des populations.

Mais revenons à nos moutons et abordons maintenant les autres lois.

## LES LOIS DESTINÉES À PROTÉGER L'INDIVIDU CONTRE LUI-MÊME

Les lois destinées à protéger l'individu contre lui-même, comme celle destinée à préserver l'humanité contre les agissements de l'Homme que nous verrons plus loin, ne sont pas forcément inscrites dans nos consciences, contrairement aux lois de comportement que nous venons d'étudier. En effet, l'Univers nous laisse la possibilité de nous faire du mal, mais il nous sanctionne si nous le faisons.

Concernant les lois destinées à nous protéger de nous-mêmes, la sanction est immédiate et proportionnelle au mal que nous nous sommes infligé. Par exemple, quand nous nous brûlons, nous ressentons tout de suite de la douleur et nous comprenons très vite qu'il ne faut pas insister.

Un autre exemple : lorsque nous buvons trop d'alcool, le lendemain, ou même parfois avant, nous passons des moments difficiles. Certaines personnes comprendront rapidement qu'il vaut mieux éviter de trop boire, mais d'autres préférerons l'ivresse, quitte à avoir la gueule de bois, et ils recommenceront sans se soucier de l'avertissement. Dans ce cas, l'Univers augmenterait la sanction et la personne attraperait par exemple, une cirrhose ou un cancer, ou bien elle aurait un accident.

Voici encore quelques exemples de lois de ce genre:

⇨ Quand nous mangeons trop, nous grossissons et nous nous sentons lourds.

⇨ Quand nous ne faisons pas assez d'exercice, nous sommes tout de suite essoufflés et nous tombons plus souvent malades.

⇨ Quand nous ne dormons pas assez, nous sommes fatigués et inefficaces.

⇨ Quand nous sommes désagréables avec les autres, nous nous retrouvons vite seuls.

⇨ Quand on ne se lave pas les dents, nous attrapons des caries. Il faut en avoir fait l'expérience pour bien comprendre la leçon.

## LA LOI POUR PRÉSERVER L'HUMANITÉ CONTRE LES AGISSEMENTS DE L'HOMME

Il n'y a rien de plus dangereux pour une société ou une communauté, lorsque certains, pour satisfaire leurs propres intérêts, font souffrir les autres. Si ces personnes viennent à prendre le pouvoir, alors la dictature s'installe et les libertés individuelles sont détruites. L'esclavage, les génocides, les crimes de guerre, sont les conséquences de ce comportement destructeur.

L'Univers pourrait très bien faire en sorte que l'Homme ne puisse jamais se comporter ainsi, mais, comme pour les lois précédentes, il nous laisse le choix de nos actes et il sanctionne les fautifs. Pour rechercher quelle est cette sanction, il suffit de regarder les destins des personnes reconnues pour avoir agi ainsi, c'est-à-dire les grands dictateurs. Nous n'allons pas ici tous les énumérer car ils sont trop nombreux, mais nous en prendrons quelques-uns parmi les plus connus.

Hitler souffrait d'hypertension, de sclérose coronarienne, de problèmes digestifs chroniques, de maux de dents insupportables... Il était une vraie pharmacie ambulante. Lénine souffrait énormément physiquement et psychologiquement durant les dernières années de sa vie. Il avait même envisagé le suicide. Staline a souffert d'athérosclérose durant des années et a subi plusieurs attaques cardiaques. Léonid Brejnev a fini son existence très affaibli. Khrouchtchev a sombré dans la dépression. Boris Eltsine, qui était lui aussi un dictateur car il s'était très rapidement affranchi du parlement russe dès qu'il eut le pouvoir, souffrait d'alcoolisme chronique. Napoléon a terminé ses jours dans d'horribles souffrances. Cette liste n'est pas exhaustive, mais tous les grands dictateurs ont eu de graves problèmes de santé durant la dernière période de leur vie.

Leurs maladies ont contribué à l'effondrement de leur dictature respective.

Elles n'en ont pas été forcément les causes directes, mais sans elles, les choses auraient tourné autrement. Par exemple, Hitler n'aurait sans doute pas déclaré la guerre aux Etats-Unis ni à la Russie s'il n'avait pas été malade. Ces deux décisions étaient de la pure folie et elles ont causé sa perte. L'URSS a sombré par un ensemble de décisions totalement irraisonnées de la part de ses dirigeants qui se sont accrochés au pouvoir malgré leurs problèmes de santé. Enfin, il est reconnu par les historiens que la défaite de Napoléon à Waterloo revient en partie à son état de santé.

Ainsi, la sanction prévue pour ceux qui auraient fait souffrir les autres afin de satisfaire leurs propres intérêts, semble de tout évidence, être une fin de vie douloureuse physiquement et/ou psychologiquement.

En effet, si la sanction était consécutive au méfait, comme pour les lois précédentes, alors il serait difficile d'établir une peine proportionnelle. Car la souffrance infligée aux victimes peut durer plusieurs années. Elle n'est donc pas évaluable au moment des faits. De plus, les victimes ne sont pas toujours connues de leurs tortionnaires. Celles-ci peuvent être par exemple, des salariés licenciés dans le cadre d'un plan social destiné à faire augmenter le cours des actions ou les dividendes d'une entreprise. Ceux qui sont à l'origine de ce plan et qui en tirent les bénéfices, n'ont aucune connaissance des salariés qu'ils ont sacrifiés et encore moins des difficultés qu'ils leur ont infligées. Ainsi, ils ne pourraient jamais faire la relation avec la sanction si celle-ci leur était appliquée à l'issue de leur décision. Il n'y aurait donc aucun effet dissuasif qui les empêcherait de recommencer.

Ainsi, une sanction consistant à faire souffrir la personne à partir d'un certain moment de sa vie jusqu'à son décès, est la seule solution efficace pour neutraliser les fautifs. Elle permet de préserver le libre arbitre de l'individu et de l'affaiblir progressivement pour qu'il finisse par commettre des erreurs qui seront fatales à ses intentions. Cela peut prendre du temps, mais l'Univers n'en manque pas. L'essentiel est qu'à terme, le mal soit éradiqué. Le Purgatoire ou l'Enfer des religions est donc sur Terre. Il suffit de visiter les hôpitaux, les maisons de retraite, de regarder les personnes âgées seules et oubliées de leurs enfants, pour s'en rendre compte.

---

Cependant, l'Homme est parfois obligé de faire mal à ses congénères pour se défendre ou défendre sa communauté, ou simplement survivre. Dans ce cas, il ne sera pas sanctionné. En effet, dans la nature, les bêtes se battent aussi pour les mêmes raisons. Mais aucun animal ne se battra pour satisfaire ses propres intérêts autres que ceux vraiment vitaux, car il n'a pas de conscience, contrairement à nous les Hommes.

Pour résumer, la loi universelle qui permet de préserver l'humanité contre les agissements de certains, pourrait donc s'énoncer ainsi : *Toute personne qui, pour satisfaire ses intérêts personnels autres que ceux vraiment vitaux, aura fait souffrir autrui, sera sanctionnée d'une peine à perpétuité proportionnelle aux souffrances qu'elle aura occasionnées. La sanction tombera quand l'Univers l'aura décidé.*

Il ne s'agit pas d'un scoop. Nous savons tous au fond de nous-mêmes que nous finissons toujours par payer nos mauvaises actions.

### *La souffrance*

La souffrance n'est pas systématiquement synonyme de sanction. En effet, le bonheur ne peut pas exister sans souffrance. Comment apprécier d'être en bonne santé sans avoir été malade ? Comment apprécier les retrouvailles avec un ami, si nous n'avions pas souffert d'en avoir été séparé ? La souffrance fait donc partie de notre vie, car sans elle, les moments de bonheur que nous rencontrons ne seraient pas possibles.

Cependant, quand la souffrance s'installe et qu'elle s'empare de toute notre vie ou presque, alors il s'agit d'une sanction que nous inflige l'Univers. Nous en serons libérés qu'au moment de notre mort et généralement, nous en sommes conscients.

### *Faire le bien pour être pardonné*

Certains pensent qu'il faut aider son prochain pour obtenir la grâce de Dieu. Mais cette règle n'a pas de sens, comme nous allons le voir.

Aider son prochain est un comportement normal dans la nature. Chaque être vivant l'a dans ses gênes et nous n'échappons pas à cette règle. L'être humain, quand il est sincère, prend plaisir à être généreux et à aider ses proches. Même dans une société où la règle est d'écraser les autres pour progresser, l'Homme continue malgré tout à chérir ses proches et ses enfants. Cependant, vis-à-vis de ceux qui n'appartiennent pas à son cercle, il deviendra méfiant et pourra être agressif car il pensera que ses intérêts pourraient être mis en péril.

L'Homme devient méchant uniquement quand il cherche à satisfaire ses intérêts personnels. Mais comme ces derniers ne sont pas toujours connus de son entourage, il peut paraître méchant sans raison. Nous pensons alors que le mal est dans la nature de l'être humain et qu'il est nécessaire de lui enseigner le bien. Or, cela est faux. Quand l'Homme n'a pas d'intérêt personnel à s'en prendre aux autres, il est sympathique et généreux sauf pour quelques cas pathologiques exceptionnels.

Pour rendre l'Homme meilleur, il suffirait simplement que la société lui apporte des intérêts individuels inoffensifs. Par exemple, qu'il puisse progresser professionnellement par ses compétences ou son implication dans son travail, au lieu d'être obligé d'écraser ses collègues pour prendre leur place.

Mais promettre à l'Homme une remise de peine s'il devenait meilleur avec les autres, n'a pas de sens. Il sait déjà inconsciemment que ce n'est pas bien de faire souffrir autrui et quand il fait plaisir aux autres ou qu'il leur apporte son aide, cela le rend naturellement heureux. Il n'y a donc pas besoin d'autre chose pour le rendre meilleur. Un automobiliste pourra toujours regretter son excès de vitesse, ce n'est pour autant que son amende sera réduite. Il en est de même pour la justice de l'Univers : la Loi est un principe universel.

## *La mort*

La mort est souvent interprétée comme une sanction. Cependant, pour l'Univers, elle n'en est pas une car tout le monde meurt un jour. De plus, la mort est le moment où nous sommes libérés de nos souffrances et de notre peine. Elle est donc une délivrance.

On s'attriste parfois de la mort d'un jeune à qui tout réussissait et qui était heureux. Mais en réalité, il faut voir que ce jeune aura eu une vie heureuse sans connaître trop de souffrances et que le temps n'est qu'une notion terrestre. Celui-ci disparaît pour la conscience une fois libérée du corps. Ainsi, la durée d'une vie n'a pas d'importance. Elle est déterminée par l'Univers et, pour lui, la longévité n'est pas forcément un cadeau. Nous devrions plutôt nous réjouir pour les défunts car ils ont purgé leur peine et il ne leur sera plus jamais tenu rigueur de leurs fautes.

### *Pourquoi l'Enfer est-il sur Terre ?*

La première chose qui vient à l'esprit pour répondre à cette question, est que ceux qui prétendent qu'il existe un enfer après la mort n'apportent aucune preuve concrète de ce qu'ils avancent. Tout repose sur des croyances. Par ailleurs, 45 % de la population mondiale ne croit pas en cette théorie, comme nous le verrons au chapitre sur les religions. La notion de Purgatoire dans l'au-delà est donc loin de faire l'unanimité.

Nous pouvons constater également que les religions qui prêchent l'existence d'un enfer post-mortem n'ont pas toujours des discours très cohérents sur ce sujet. En effet, elles affirment qu'il faut impérativement vénérer leur Dieu pour y échapper. Or, ce Dieu n'était pas connu des hommes avant l'apparition de ces religions. Ainsi, comment auraient-ils pu L'adorer ? Toutes ces personnes se seraient donc retrouvées en Enfer sans savoir pourquoi, ni même avoir eu la possibilité de l'éviter ? Encore aujourd'hui, presque la moitié de l'humanité ne croit pas en ce Dieu. Toutes ces personnes vont-elles aller en Enfer, alors que beaucoup d'entre elles ont aidé leurs semblables toute leur vie et n'ont jamais fait de mal ? Tout cela n'a pas de sens.

De plus, l'Eglise catholique qui, durant des siècles a affirmé qu'il ne pouvait y avoir de Paradis pour les athées, est revenue dernièrement sur sa position. En effet, le Pape François, lors de sa méditation du 22 mai 2013 en la Chapelle de la maison de Sainte-Marthe, déclarait que le Seigneur avait racheté tout le monde avec le sang du Christ : « tous, pas seulement les catholiques. Tous ». Même les athées « Eux aussi, tous. C'est ce sang qui fait de nous des fils de Dieu » a-t-il exprimé. Mais n'est-ce pas là plutôt une manœuvre stratégique pour attirer de nouveaux fidèles ? Hier, la menace d'un enfer pour les non-croyants fonctionnait parfaitement pour convaincre les populations, car celles-ci n'étaient pas très instruites et croyaient assez volontiers à ce genre d'histoire. Aujourd'hui, ce n'est plus le cas.

Enfin, comme nous l'avons vu au chapitre précédent, la notion de temps disparaît après la mort. Or, le temps est la composante principale de la souffrance. Sans lui, elle n'est pas concevable.

## RÉSUMÉ

Le comportement de l'Homme est déterminé par un nombre infini de lois ou règles, qui forment sa personnalité et celle de sa communauté. Ces règles sont inscrites dans les consciences. Certaines sont partagées et d'autres sont propres à chaque individu. En étudiant ces lois, il est possible d'anticiper le comportement d'une personne ou de la manipuler.

D'autres lois sont destinées à protéger l'individu contre lui-même. Pour ne pas compromettre le libre arbitre de l'homme, chacun peut décider de les enfreindre. Mais dans ce cas, il y a instantanément sanction sous forme généralement de souffrance, comme la douleur, la maladie, l'isolement... Ainsi, nous comprenons ce qu'il ne faut pas faire.

Une dernière loi est destinée à protéger l'humanité contre le libre arbitre de l'Homme. Celle-ci est la suivante : si un individu, pour satisfaire ses propres intérêts autres que vitaux, fait souffrir d'autres personnes, alors il le paie par une souffrance qu'il lui sera infligée durant la dernière partie de son existence et dont il ne pourra se défaire. Cette loi permet de neutraliser à terme les individus qui mettent en péril leur entourage.

Nous avons vu également que l'Homme n'était pas mauvais en soi. Il le devient que pour satisfaire ses intérêts personnels. Cependant, ces derniers n'étant pas forcément connus, certaines personnes peuvent sembler malveillante sans raison apparente. Or, ce n'est jamais le cas.

Ainsi, pour éviter que le mal s'installe dans une société et la détruise, il suffit d'établir des règles où chaque individu peut progresser sans avoir à nuire à son semblable. Or, aujourd'hui les sociétés modernes sont construites sur la concurrence entre les hommes, ce qui explique la crise humanitaire que nous traversons. Ce n'est pas plus compliqué que cela.

## L'INTÉRÊT POUR LE POUVOIR

Nous venons de voir que le mal pour l'Univers était l'action d'infliger de la souffrance aux autres afin de satisfaire nos propres intérêts. Ces derniers peuvent être très variés, mais il y en a un qui est particulièrement dangereux. Celui-ci est l'intérêt pour le pouvoir.

Les personnes qui ont de l'intérêt pour le pouvoir, ont généralement très peu de considération pour les autres et n'hésitent pas à les faire souffrir. De plus, elles sont attirées naturellement vers des postes de dirigeants, ce qui augmente d'autant plus leur pouvoir de nuisance.

Quand ces individus visent une carrière politique, ils pratiquent toujours de la même façon et leur méthode est imparable. Ils commencent par se faire des alliés à qui ils promettent des promotions lorsqu'ils seront parvenus au poste supérieur. Puis, plus ils gravissent les échelons, plus leur armée devient importante. Après plusieurs batailles, le plus fort arrive au sommet. Il détruit alors ses adversaires ou bien les oblige à lui faire allégeance. Il prend alors possession de tous les pouvoirs de la Nation, y compris celui de la presse et nomme ses amis à la tête de chacun d'eux.

Dans un premier temps, il n'est pas nécessaire de l'annoncer au peuple. Au contraire, il est préférable que celui-ci se sente toujours en démocratie et de lui restreindre progressivement ses libertés à son insu. Ainsi, il n'opposera aucune résistance le jour où la dictature sera rendue publique. Pour y parvenir, les partis politiques font semblant de s'affronter pour faire croire en leur indépendance et en l'existence de débats démocratiques. Ainsi, quand l'un dit quelque chose, les autres disent systématiquement le contraire. Sauf, bien entendu, sur les sujets visant à mettre en place des mesures liberticides. Peuvent s'ajouter également, des méthodes psychologiques comme la propagande, pour endormir et soumettre la population. On ferra croire par exemple, que la dictature est synonyme de génocide, afin que le peuple oublie sa véritable définition et ne voie pas qu'il est déjà dans un régime totalitaire où tous les pouvoirs sont exercés par une même personne.

Lorsque la dictature est en place, rien ne peut la détrôner et il faut attendre les effets de la loi destinée à préserver l'humanité évoquée ci-dessus, pour que les libertés reviennent. Toutes les dictatures ont sombré par les effets du vieillissement de leurs dirigeants.

En conclusion, si l'intérêt pour le pouvoir s'initie au sein des partis politiques d'une nation, alors il se propagera inexorablement à la tête de l'Etat, et la dictature s'installera, c'est inévitable. En France, il est déjà trop tard. La dictature est déjà là depuis plusieurs dizaines d'années, mais nos dirigeants ne l'ont pas encore annoncée. Cependant, nous pouvons constater que la moyenne d'âge de nos responsables politiques ne fait qu'augmenter, ce qui est également inévitable. Elle est en 2015 de 63 ans pour les députés, et de 68 ans pour les sénateurs. Il faut donc s'attendre prochainement à la chute du régime qu'ils ont instauré, car personne ne peut s'opposer aux lois de l'Univers.

---

Il y a cependant une parade pour protéger les démocraties de ce fléau. Montesquieu disait : « *C'est une expérience éternelle, que tout homme qui a du pouvoir est porté à en abuser ; il va jusqu'à ce qu'il trouve des limites. [...] La vertu même a besoin de limites.* » [1].

Pour une Nation, seule une autorité supérieure à l'Homme peut imposer des limites à ses dirigeants. C'est déjà le cas me direz-vous, mais aujourd'hui, nos dirigeants n'en ont pas conscience et se croient libres de tout faire. Or, les choses iraient beaucoup mieux si c'était le contraire.

En d'autres termes, pour qu'une démocratie perdure, il faut que ses dirigeants aient conscience de l'intelligence de l'Univers et de ses Lois. C'est le cas dans beaucoup de Pays comme aux Etats-Unis, en Allemagne, en Italie... Mais malheureusement pas en France, où depuis les lois sur la laïcité, l'Etat se refuse à croire en une quelconque autorité supérieure. Ainsi, nos dirigeants politiques ne se donnent aucune limite et n'hésitent pas à tromper le peuple pour imposer leur dictature.

[1] Esprit des lois livre XI chapitre IV

## LA NATURE

La nature est animée, comme nous l'avons vu, par la même intelligence que celle qui nous anime. Elle n'a pas de conscience, mais elle agit de façon raisonnée. Il y a longtemps, nos ancêtres le savaient parfaitement et la considéraient non pas comme un être faible, mais comme une mère puissante et bienveillante. Ils communiquaient avec elle par l'intermédiaire des chamans, des druides ou des anciens.

La nature nous envoie en permanence des signes pour nous prévenir. Nous avons vu que les marins ou les paysans savaient en lire certains. Mais, il y en a beaucoup d'autres. Par exemple, les oiseaux quitteront bruyamment la forêt bien avant l'incendie pour prévenir les promeneurs de quitter les lieux. Un chien va aboyer pour prévenir son maître de la présence d'un cambrioleur. Tous ces phénomènes sont des signes de la nature qui nous sont destinés.

La nature agit en permanence pour nous,

afin que nous puissions disposer de tout ce dont nous avons besoin. Elle fait cela de façon totalement désintéressée. Par exemple, les abeilles vont travailler sans relâche pour que leur miel profite à l'Homme ; des insectes et des bactéries vont nettoyer notre environnement en permanence ; Les vaches vont produire plus de lait que nécessaire à leurs petits afin que nous puissions nous nourrir. La nature nous réconforte également par la beauté de ses paysages, sa sérénité, l'affection d'un animal de compagnie, etc. Jamais la nature ne fait payer ses services.

Cependant, comme toute mère, elle sait également corriger ses petits quand ils le méritent et notamment quand certains d'entres eux exploitent leurs semblables à grande échelle, car cela est contraire à ses principes. Ainsi, elle provoquera des ouragans, des tremblements de terre, des inondations. Elle nous fera peur en augmentant la température de la planète. Elle fera disparaître des espèces animales et végétales. Toutes les catastrophes survenues subitement ces dernières années et qui se répètent, sont des signes de la nature qu'il ne faut pas prendre à la légère. Celles-ci ne proviennent pas que du réchauffement climatique. Il y a eu en effet des crashs d'avions, des attentats, des tremblements de terre, des irruptions de volcans, des crises économiques mondiales... L'Homme est piloté par la même intelligence que celle qui anime la nature. Il est donc normal de considérer les crises et autres événements graves dont il est à l'origine, comme étant également des catastrophes naturelles.

La solution face à ces événements n'est pas dans la préservation de l'environnement, mais la prise de conscience collective des principes de l'Univers et de la nature. Tant que certains individus traiteront l'Homme comme une simple ressource que l'on jette une fois épuisée, la situation ne changera jamais. Si nous sommes incapables de nous comporter correctement les uns avec les autres, comment pourrions-nous respecter la nature ? Aujourd'hui, ceux qui financent les ONG de défense de l'environnement, sont les mêmes que ceux susceptibles d'être pointés du doigt par ces mêmes ONG. Les jeux sont donc faussés. Par exemple, La fondation Nicolas Hulot est financée par EDF et l'Oréal, comme le souligne le rapport d'information déposé le 2 février 2011 à l'Assemblée nationale par la Commission du développement durable :

*« La composition du conseil d'administration de*

*la fondation Nicolas Hulot pose d'autres questions. Trois entreprises y occupent un siège : TF1, EDF et L'Oréal. Ceci ne pose, en soi, aucune difficulté. Le mécénat de puissantes sociétés en faveur de l'environnement doit être accueilli comme un moyen supplémentaire d'action. Néanmoins, les activités particulières de ces groupes semblent problématiques sans les dimensions environnementales. EDF est une entreprise de pointe dans le secteur nucléaire. Quant à L'Oréal, elle est classée parmi les groupes de cosmétiques dont les produits font l'objet de tests sur les animaux, au grand désarroi des opposants à la vivisection. Dès lors, comment interpréter par exemple, la position très mesurée de Nicolas Hulot sur l'énergie nucléaire ? Quel poids donner à sa parole sur les activités principales de ses deux administrateurs, dont vos rapporteurs ont appris que l'un d'eux finance la fondation à hauteur de 10 % de ses ressources ? ».*

Il n'y a donc rien à espérer des efforts que l'on nous demande pour préserver notre environnement, car même eux sont devenus une mine d'or pour certains. L'"écolo-business" est dans les bouches de tous les investisseurs, actionnaires et autres spéculateurs. Ceux-ci travaillent main dans la main avec les Etats, pour inciter et obliger progressivement les populations à dépenser le peu d'argent qu'il leur reste dans le développement durable. Les aides publiques pour isoler sa maison, installer un chauffage propre, acheter une voiture électrique, les lois obligeant les citoyens à remplacer leurs équipements jugés non conformes, et enfin, le matraquage médiatique sur le réchauffement climatique destiné à apeurer les citoyens afin qu'ils achètent sans se poser de question, sont autant d'actions menées par les Etats et destinées à augmenter la consommation et les marges des grands industriels et distributeurs. Tout est mis en œuvre pour que les profits de ce nouveau *business* soit colossaux et cela, sur le dos des consommateurs et des contribuables. L'écologie se transforme en un nouvel impôt non pas destiné à enrichir les Etats, mais les grands actionnaires des multinationales qui reversent, je présume, une partie de leurs butins aux partis politiques des nations jouant le jeu. Ce mécanisme se met en place progressivement au niveau mondial, ce qui explique pourquoi les conférences sur le climat sont devenues la priorité numéro un des chefs d'Etat.

Si le réchauffement climatique fait

aujourd'hui la quasi unanimité au sein de la communauté scientifique, les avis sont cependant partagés sur ses causes, ses effets sur le climat et l'environnement, son importance relative et les solutions préconisées pour y remédier. Durant son existence, la Terre a subi une multitude de variation de températures parfois très importantes et il est impossible aujourd'hui d'avoir le recul suffisant pour estimer si le réchauffement que nous vivons actuellement est exceptionnel ou simplement naturel. Celui-ci aurait commencé il y a à peine un siècle. Or, à l'époque, les mesures étaient loin d'être aussi précises qu'aujourd'hui. Cela fait seulement quelques dizaines d'années, avec l'apparition des satellites, que l'on peut mesurer précisément le niveau des mers et la température du Globe. Sur une telle période, comparée aux milliards d'années d'existence de notre planète, il serait hasardeux de conclure en un phénomène exceptionnel et d'être certain de ses origines. Il se trouve que ceux qui défendent ce bon sens n'ont que très rarement la parole dans les médias.

Dans les années 1980, nous avions été de la même façon apeurés au sujet de la dégradation soi-disant irréversible de la couche d'ozone dont l'origine était attribuée aux gaz des aérosols. On nous prévoyait, dans un futur relativement proche, que les rayonnements du soleil deviendraient nocifs pour l'Homme et que la vie sur Terre serait un enfer si rien n'était fait pour stopper ce phénomène irréversible. Aujourd'hui, contrairement aux prévisions alarmistes des mêmes scientifiques et politiques qui attribuent maintenant à l'Homme le réchauffement de la Planète, la couche d'ozone s'est reconstituée et plus personne n'en parle. L'effet de serre et le $CO^2$ sont devenus leur nouveau dada.

La peur est depuis la nuit des temps utilisée comme instrument pour manipuler les populations. La peur du communisme, la peur des juifs, la peur du terrorisme, la terreur durant la Révolution française, la peur du Diable, la peur que le Ciel nous tombe sur la tête, la peur de Dieu, ont toutes permis à ceux qui avaient le pouvoir, d'imposer leurs mesures prohibitives aux peuples. Le réchauffement climatique ne fait pas exception. Il profite, comme nous l'avons vu, aux quelques personnes qui détiennent aujourd'hui à elles seules plus de 80 % des richesses de notre planète en plus de l'ensemble des médias occidentaux. La phobie du réchauffement climatique que l'on tente de nous inculquer, fait vendre des voitures, des maisons, des centrales électriques, des moyens de transports en commun, des vêtements, des produits alimentaires, de l'électroménager, des ordinateurs, des logiciels, etc. Tout le monde a sa part du gâteau.

Le fonctionnement de l'Univers que nous avons mis en évidence montre que la nature serait tout à fait capable de recréer les espèces disparues, de remettre des arbres là où il n'y en a plus, de nettoyer les rivières, de rétablir le climat... L'Univers pourrait même faire cela instantanément, s'il le souhaitait. Il n'y a donc pas lieu de s'inquiéter pour notre environnement. La priorité est de mieux nous comporter entre nous et le reste suivra.

## LES RELIGIONS

Pour nous faire une idée sur ce que sont les religions, nous allons regarder ensemble quelques chiffres fournis par une étude menée par le *Gordon-Conwell Theological Seminary* [1]. D'autres organismes comme le *Pew Forum on religion & public life* publient également des données tout à fait similaires [2].

⇨ 77 % de la population mondiale pratique une des quatre religions suivantes :

- Christianisme : 32,96%

- Islam : 23,04%

- Hindouisme : 13,88%

- Bouddhisme : 7,13%

⇨ Environ 11,5 % de la population mondiale pratique d'autres religions qu'il serait difficile d'énumérer ici, du fait de leur diversité et de leur nombre.

⇨ 11,5 % ne croient en aucun dieu ou estiment qu'il est impossible de savoir la vérité sur ce sujet.

Nous pouvons constater que la répartition des religions au niveau mondial est tout à fait semblable à celle des partis politiques dans les démocraties modernes où un très faible nombre de partis rassemble environ 80 % de la population, les autres ne font pas plus de 1 à 2 % chacun et tous ensemble ne dépassent pas 20 %.

La popularité des partis politiques dépend principalement des moyens financiers dont ils disposent. Nous le constatons en France où les grands partis dépensent toujours plus d'argent pour leurs campagnes afin de rester dans la course. Par ailleurs, plus un parti devient populaire, plus il récolte des fonds. C'est un cercle vertueux qui ne laisse aucune chance aux petits partis. Sur ce principe, au bout d'un certain temps, deux ou trois partis prennent la tête et grossissent jusqu'à se partager 80 % ou plus des suffrages. Les petits partis sont alors condamnés à rester dans l'anonymat car ils n'obtiendront jamais les fonds suffisants pour rivaliser. La barrière est devenue infranchissable pour eux. Cette situation est aujourd'hui, celle de toutes les grandes démocraties modernes.

Les religions n'échappent pas à ce phénomène. Celles qui ont eu, dès leur origine, le soutien des rois, des empereurs, des maharajahs, des sultans et des princes, ont pris les premières places et n'ont cessé de progresser. Elles sont aujourd'hui ce que nous appelons les grandes religions.

---

Marx disait que la religion est l'opium du peuple, mais les monarques du Moyen Âge l'avaient parfaitement compris bien avant lui. En offrant à leur peuple une religion, ils pouvaient lui en demander davantage sans craindre de rébellion et éviter les conflits intérieurs. Certains y ont vu également une opportunité pour justifier leurs conquêtes comme en Occident et en Orient.

Cette vision des religions, que certains jugeront peut-être trop simpliste, explique cependant 2000 ans d'Histoire. Si le christianisme ou l'islam avait été réellement des religions pacifiques comme elles le prétendent aujourd'hui, alors la plupart des grandes guerres meurtrières du Moyen Âge n'auraient jamais eu lieu.

Cependant, ces guerres ont modelé le monde dans lequel nous vivons aujourd'hui et si elles n'avaient pas eu lieu, alors d'autres conflits se seraient sans doute produits et le résultat n'aurait pas forcément été mieux. Comme nous l'avons vu, l'histoire de l'Univers a été écrite à l'envers et à chaque événement est associée une finalité. Ainsi, dès leur apparition, les religions avaient comme dessein notre civilisation moderne. Sans elles, l'humanité aurait peut être disparue.

Au XVIIIème siècle, en Europe, arriva un mouvement qui bouleversa l'ordre établi. Il fut appelé « les Lumières ». La philosophie, la science et la littérature apportèrent un regard nouveau sur la société et le clergé fut le premier visé. Déstabilisé, il ne put contrer les mouvements révolutionnaires qui commençaient à se former et fut contraint de se soumettre lorsque la Révolution éclata. Des milliers de prêtres furent assassinés et beaucoup d'églises détruites.

A partir de ce moment là, l'Eglise catholique prit son autonomie et forte de la fortune qu'elle avait amassée de plusieurs siècles de collaboration avec les monarchies, elle profita des nouvelles colonisations pour s'implanter sur d'autres continents. Elle garda ainsi une place importante sur l'échiquier géopolitique et elle compte aujourd'hui 1,2 milliard de fidèles soit, à elle seule, 17 % de la population mondiale. La courbe ci-dessous montre cette envolée à partir des années 1800.

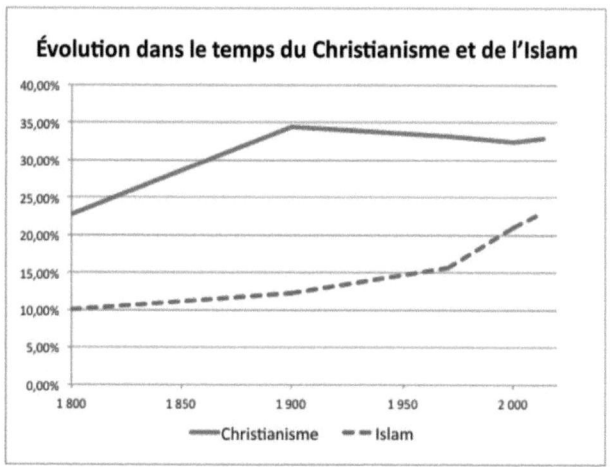

Cependant, dès 1900, le désintérêt de l'Europe pour la religion reprit le dessus et le christianisme perdit du terrain alors qu'en Orient, l'islam ne cessait de croître. Ainsi, en 1962 le Vatican commença à réfléchir sur une nouvelle stratégie lors de son deuxième concile œcuménique. Il fut décidé que l'Eglise catholique devait reconnaître dorénavant la liberté religieuse et s'ouvrir aux autres religions, tout en attribuant, bien entendu, à son Dieu, les mérites de ces dernières. Jean-Paul II résuma parfaitement cette nouvelle orientation en ces termes :

*« L'Esprit se manifeste d'une manière particulière dans l'Eglise et dans ses membres ; cependant, sa présence et son action sont universelles, sans limites d'espace ou de temps. Le Concile Vatican II rappelle l'œuvre de l'Esprit dans le cœur de tout homme, par les « semences du Verbe », dans les actions même religieuses, dans les efforts de l'activité humaine qui tendent vers la vérité, vers le bien, vers Dieu. »*

Jean-Paul II fut le premier Pape à initier cette politique en organisant les premières rencontres interreligieuses et il fut suivi par ses successeurs. Cependant, les résultats attendus ne furent pas au rendez-vous comme le montre la courbe ci-dessus et l'islam continua à prendre des parts de marché. Voilà donc le problème auquel est confronté aujourd'hui le Pape François.

Quant à l'islam, celui-ci dispose toujours de pouvoirs politiques en Orient. Sa stratégie est donc totalement différente. Cependant, il est confronté aujourd'hui à la montée en puissance de mouvements terroristes qui sont en train de le discréditer. Bien que beaucoup de musulmans se désolidarisent des djihadistes, il n'en reste pas moins que l'amalgame prend du terrain.

---

Les grandes religions n'ont donc rien de divin. Ce sont des organisations idéologiques tout comme les partis politiques ou les ONG. Elles se sont accaparées le monopole de la spiritualité comme les partis se sont accaparés celui de la politique, ou les ONG ceux de l'écologie et de l'humanitaire. Chacun se bat pour préserver ses intérêts individuels. La cause défendue n'est qu'un prétexte pour devenir influant et obtenir ainsi plus de pouvoir.

Ainsi, les grandes religions ne ménagent pas leurs efforts pour conquérir le monde. Même l'hindouisme dont nous aurions pu penser qu'il resterait en Inde et au Népal, est maintenant présent dans des dizaines de Pays en Asie, en Afrique et en Europe. Le bouddhisme gagne également de plus en plus d'adeptes aux Etats-Unis et en Europe, par l'action notamment du Dalaï-Lama et de ses soutiens.

---

Les religions ont besoin de mythes, de saints, de textes ancestraux, de cérémonies religieuses, d'une hiérarchie, pour imposer leur pouvoir sur les hommes. Or, rien de cela n'est nécessaire pour vivre en harmonie avec l'Univers. Si nous reconnaissons son intelligence et respectons ses lois, alors tout va bien. Sinon nous le payons. Libre à chacun de faire comme il l'entend.

Cependant, les religions n'ont pas que des aspects négatifs, car elles permettent à ceux qui y croient de supporter leurs souffrances en leur apportant de l'espoir. Elles rassemblent également les hommes autour de valeurs d'entre-aide et de tolérance, ce qui est conforme au principe de l'Univers. Ainsi, ceux qui pratiquent dans ce sens sont généralement plus heureux.

[1] http://www.gordonconwell.edu/resources/documents/StatusOfGlobalMission.pdf

[2] http://www.pewforum.org/2012/12/18/global-religious-landscape-exec/

## NOTRE ECONOMIE MONDIALE

S'il y a un monde où le matérialisme est roi, c'est bien celui de l'économie et de la finance. Or, nous allons voir que contrairement à toute attente, notre système économique ne repose que sur la bienveillance supposée d'une intelligence universelle reconnue.

Un des premiers intellectuels à avoir dessiné notre système économique est Adam Smith qui vécut de 1723 à 1770. Celui-ci établit que la richesse d'un pays n'était pas ses biens, mais la production de ses entreprises. Ainsi, pour qu'un pays s'enrichisse, il fallait optimiser sa production au maximum et fluidifier tout ce qui pouvait la faciliter. Le cœur de l'économie devenait alors l'entreprise qui devait pouvoir agir aussi librement que possible pour ne pas être freinée. Ainsi, les Etats devaient imposer le minimum de règles : les biens manufacturés, les matières premières et la main d'œuvre devaient pouvoir circuler librement et les échanges monétaires devaient être facilités au maximum ainsi que les investissements.

Ce concept a donné naissance à la mondialisation que nous connaissons, et il est aujourd'hui plus que jamais appliqué. En effet, nous pouvons constater qu'à la moindre crise, les Etats ne font que donner encore plus de liberté aux entreprises et inciter les investissements.

Adam Smith n'avait pas pour intention de créer un système économique qui pouvait conduire des pays à la misère. Au contraire, il souhaitait que les peuples prospèrent et pour lui, ces principes le permettaient. En effet, il croyait fermement en l'existence d'une force qu'il appela Main Invisible, qui en agissant sur les individus, ferait toujours en sorte que l'intérêt commun soit satisfait malgré le fait que son système reposait exclusivement sur l'intérêt individuel.

La Main Invisible reste encore aujourd'hui un phénomène inexpliqué. Les économistes ont certes établi plusieurs théories mais aucune d'elle ne fonctionne. C'est la raison pour laquelle il n'existe aucune méthode fiable à ce jour pour prévenir et éviter les crises. Néanmoins, cette force qui agit sur les comportements existe réellement, car durant des années les peuples qui avaient adopté le libéralisme se sont bien enrichis.

Ainsi, le bon fonctionnement de notre système économique moderne repose toujours sur une sorte d'intelligente mystérieuse reconnue de tous, et supposée agir sur les individus pour faire en sorte qu'il profite à la société entière.

Cependant, personne n'a pensé qu'un jour cette intelligence changerait les règles, comme il est en train de se produire aujourd'hui. En effet, depuis quelques années, la misère s'installe durablement dans les pays industrialisés et 90 % de toutes les richesses de la planète sont maintenant détenues par seulement 1 % de la population mondiale, ce qui contredit les prévisions d'Adam Smith.

Impuissant face à ce changement de direction, les Etats continuent malgré tout à imposer plus que jamais l'austérité aux peuples et à donner encore plus de liberté aux entreprises comme s'ils voulaient prouver à la déesse Main Invisible leur dévotion, afin qu'elle soit de nouveau clémente. Des peuples entiers sont ainsi sacrifiés sur l'autel du libéralisme.

Ainsi, contrairement à toutes idées reçues, les économistes sont les premiers à admettre l'existence d'une intelligence universelle contrôlant les individus, et ils ont construit toute l'économie moderne en supposant que celle-ci resterait bienveillante, mais ils se sont trompés, elle ne l'est plus. Surtout dans des pays comme la France où depuis des années, les industriels ont perdu toute notion de patriotisme.

## CONCLUSION

Le principe de fonctionnement de l'Univers que nous venons d'établir explique absolument tout ce que nous pouvons observer dans la nature ou dans notre société. Il est rationnel, simple et il n'y a pas besoin d'appartenir à une religion pour le comprendre. Celui-ci nous apporte de plus, une vision plus claire et objective sur les crises que nous traversons et nous permet également d'en identifier les causes réelles.

Cependant, pour l'accepter il est nécessaire de reconsidérer l'idée que nous nous faisons de l'être humain et cela n'est pas facile. En effet, durant des siècles les religions nous ont fait croire que l'Homme était maître de son destin et qu'il était de plus, le fils de Dieu. Ainsi, nous nous sommes considérés au dessus de tout et nous avons ignoré l'intelligence supérieure de la nature qui nous entoure.

Aujourd'hui, la nature nous exprime clairement son mécontentement en déclenchant des catastrophes naturelles en tout genre à travers le monde et en perturbant notre climat. En effet, l'Homme n'a jamais autant exploité son semblable qu'aujourd'hui. Les peuples ne disposent plus d'eux-mêmes et doivent se soumettre aux exigences d'une poignée d'individus qui décide seule de l'avenir de l'humanité sans aucun état d'âme et uniquement en fonction de ses intérêts personnels. Une telle situation ne s'était jamais produite auparavant à une aussi grande échelle.

Enfin, nous avons vu qu'il existait des mécanismes de régulation qui faisaient que les peuples finissaient toujours par retrouver leur liberté. Ainsi, il n'y a pas lieu de s'inquiéter, le système économique et social actuel va inévitablement s'effondrer et cela très prochainement au regard du chaos qui commence à se répandre au niveau mondial.

La France a toujours été le précurseur des grandes réformes en Occident et elle est aujourd'hui le pays occidental où règne le plus de désordre politique et social. Il est donc probable qu'une fois de plus, elle sera l'initiatrice de la nouvelle ère qui se prépare.

# ANNEXE

Nous allons voir ici une autre démonstration construite sur un raisonnement différent qui aboutit à la même conclusion sur l'Univers que les trois précédentes argumentations. Celle-ci est cependant un peu plus ardue, et c'est pourquoi je l'ai mise en annexe.

Pour parvenir à déterminer le fonctionnement de l'Univers, nous allons regarder en détail ce que sa création implique. Pour cela, nous énoncerons des évidences et raisonnerons à partir de celles-ci.

⇨ **1ère évidence :** il ne peut y avoir de création sans l'existence d'une entité créatrice. En effet, il est difficile d'imaginer que la matière soit apparue spontanément sans aucune volonté extérieure. Par ailleurs nous constatons que l'Univers est parfaitement ordonné, ce qui n'est pas possible si la matière était apparue d'elle-même, sans autre instruction. Nous prendrons donc comme point de départ de notre analyse qu'il existe une entité créatrice de la matière, que nous appellerons le Créateur.

⇨ **2ème évidence :** la matière créée par le Créateur n'existe que pour lui. En effet, ce dernier doit définir avant toute chose, ce qu'est l'existence d'un objet avant de le créer. Cette notion d'existence lui est propre et personne d'autre que lui la partage, car il est seul. Ainsi, tous les objets créés par le Créateur n'existent que pour lui-même.

Comme la matière n'existe que pour le Créateur, elle n'existe pas d'elle-même et cela quel que soit l'instant. Ainsi, à tout moment l'existence de la matière dépend du Créateur.

Il ne peut donc exister de la matière qui serait livrée à elle-même et qui évoluerait en fonction de lois qui échapperaient au Créateur.

⇨ **3ème évidence :** un objet n'est en réalité, que la matérialisation de l'ensemble de ses caractéristiques. Si nous prenons l'exemple d'une assiette, nous pouvons la définir entièrement par ses dimensions, sa couleur, son état de surface, sa résistance aux chocs, sa position dans l'espace... L'assiette est la matérialisation de toutes ses caractéristiques.

Ainsi, pour qu'un objet puisse exister, l'ensemble de ses caractéristiques doit avoir été établi au préalable, et réciproquement, il ne peut exister d'objet dont une ou plusieurs caractéristiques n'auraient pas été déterminées par son Créateur.

La position d'un objet dans l'espace est une de ses caractéristiques, car sans emplacement, aucun objet ne peut exister. Ainsi, comme toutes les autres caractéristiques, la localisation d'un objet dans l'espace doit être établie avant sa matérialisation. Ce qui implique que tout objet créé ne peut qu'être immobile.

Le mouvement, tel que nous le percevons, n'est donc, en réalité, qu'une illusion. Il apparaît par une succession d'apparitions et de disparitions ordonnée de plusieurs objets de forme identique, positionnés en chaque point de la trajectoire. C'est le même principe qu'au cinéma, où chaque image ne comporte que des objets immobiles et ce sont les changements de position de ces objets d'une image à l'autre qui donnent l'illusion de leurs mouvements.

Les lois de la Physique sont donc établies par le Créateur et lui servent à produire les mouvements apparents de chaque objet. Nous aboutissons donc encore une fois, au même constat que celui des démonstrations précédentes.

Nous pouvons ajouter également qu'il ne peut y avoir de séparation entre le Créateur et l'Univers. En effet, comme nous l'avons vu, la notion d'existence est propre au Créateur et tout objet n'existe que pour lui-même. Ainsi, Le créateur et l'Univers sont indissociables. En d'autres termes, l'Univers et le Créateur ne font, en réalité, qu'une seule et même entité intelligente.

Les jeux vidéo nous apportent une représentation concrète des principes évoqués ci-dessus. En effet, ils constituent une forme de création d'univers à partir de rien, qui le constitue. Il peut y figurer des paysages, des maisons, des animaux, des êtres humains ou d'autres personnages imaginaires, alors qu'un ordinateur n'est constitué que d'électronique.

La notion d'existence d'un objet consiste ici à le faire figurer dans la base de données contenant tous les objets de l'univers virtuel. Si un objet est supprimé de cette base, alors il cessera d'exister.

Toutes les caractéristiques d'un objet virtuel sont enregistrées dans la mémoire de l'ordinateur. Ces données constituent en soi, l'objet lui-même. Si le programme décide de faire bouger un objet, alors il modifiera ses coordonnées dans la base de données, ce qui aura pour effet induit de créer instantanément un autre objet identique à un autre emplacement sur l'écran.

Le mouvement est l'illusion donnée par ces changements successifs de coordonnées. Ils peuvent être continus ou discontinus. Dans ce dernier cas, cela aura pour effet de faire apparaître instantanément l'objet à un autre endroit, comme s'il s'était téléporté. Le comportement des particules quantiques est ainsi possible.

L'univers virtuel du jeu est également indissociable de l'ordinateur qui joue ici le rôle du créateur.

L'intelligence apparente des personnages ou des animaux virtuels dans le jeu, n'est autre que celle de l'ordinateur. Ce dernier décide des mouvements de chaque objet et peut même faire parler certains personnages entre eux. Nous retrouvons donc ici, tous les principes que nous avons établis précédemment.